Jean

BLAZHEVICH

CONCERT DUETS

FOR TWO TROMBONES

K 04708

CONCERT DUETS
for Two Trombones

VLADISLAV BLAZHEVICH

8/30 - 10'30

Andantino

2.

p *dolce*

[1]

[2] ♪=60 *dim.* *p poco accel.* *cresc.* *f*

[3] *poco rit. dim.* *p tempo*

p cantabile

Allegro giocoso
3.
p
cresc.
sempre staccato
f
dimin.
p
1
cresc.
dimin.
mf
f
2
f
dimin.
3
pp
poco cresc.
f
4
p
poco a poco
cresc.
5
f
dimin.
p molto cresc.
ff

2/4/06

5.

12

Andante con dolore

8.

14

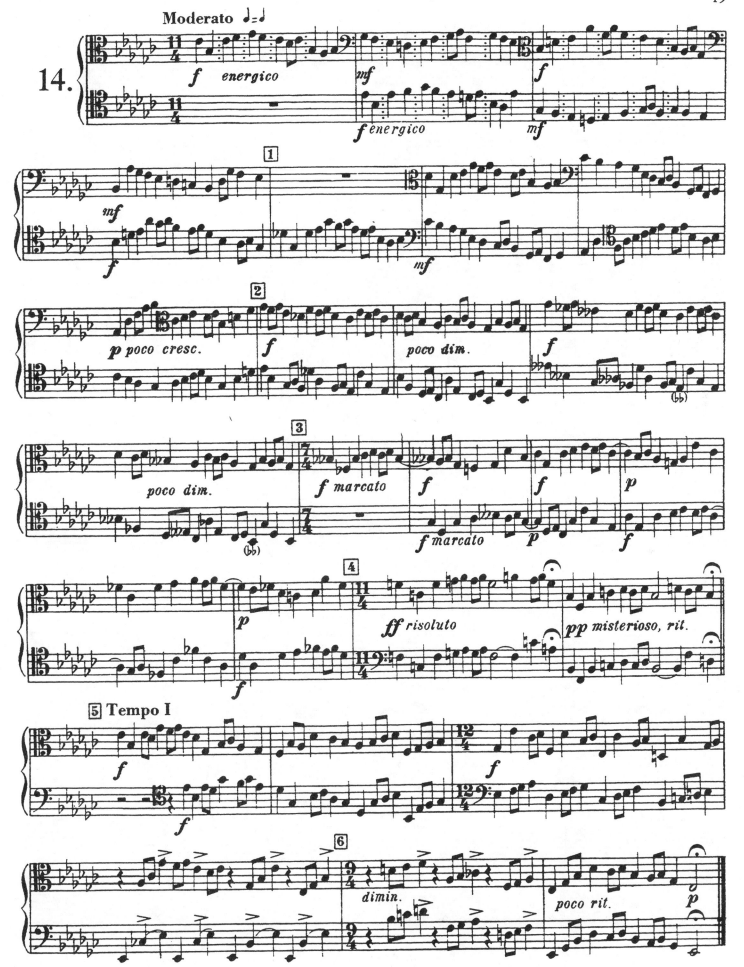

Andante con dolore

16.

Allegretto tranquillo

17.

26

34

36

38

27.

40

Tempo di Valse

Più mosso

42

T/E 8/8/05 ♩104
E 8/10
8/11
8/13
8/15
8/17
8/18

31.

Allegretto con moto

Andante mosso

32.

Con Moto

Andante commodo

52

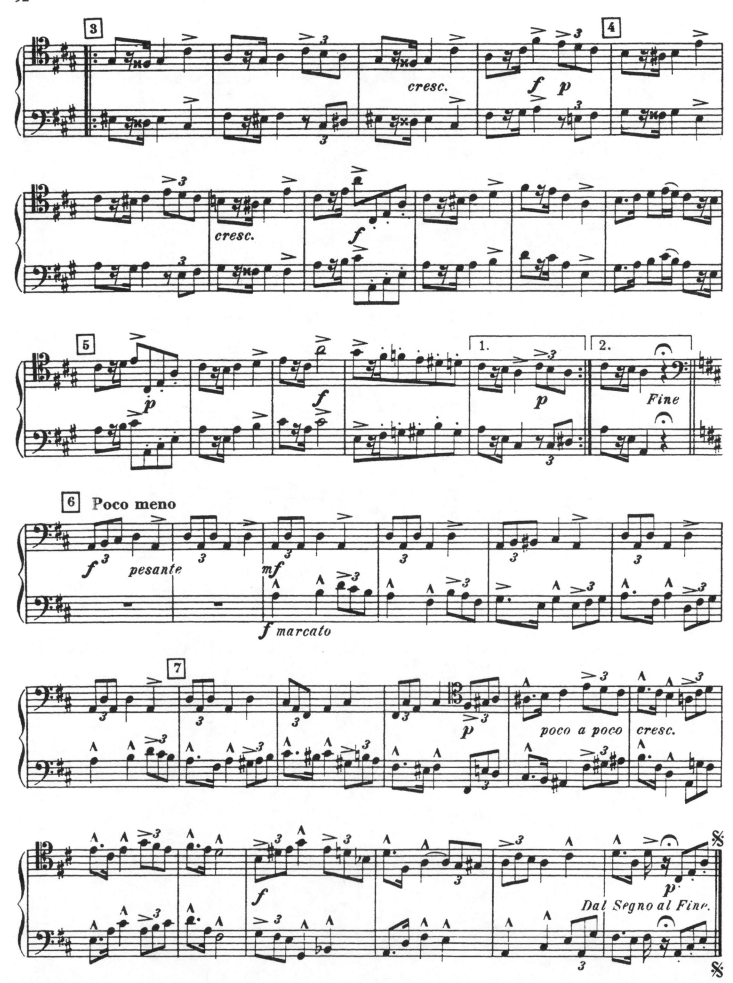

Poco più mosso (quasi Allegro)

56

Tempo di Polacca

36.